JN411281

사랑에 관한 짧은 필름

세종마루시선 007

사랑에 관한 짧은 필름

2021년 11월 27일 초판 1쇄 발행

지은이 김상우
펴낸이 윤영진
기획 이은봉 김백겸 김영호 최광 성배순
홍보 함순례
펴낸곳 도서출판 심지
등록 제 2003-000014호
주소 34570 대전광역시 동구 대전천북로 12
전화 042 635 9942
팩스 042 635 9941
전자우편 simji42@hanmail.net

ISBN 978-89-6627-210-5 03810

세종마루시선
007

사랑에 관한 짧은 필름

김상우 시집

시인의 말

이 소소한 글들이
누군가의 가슴에 꽃이 되었으면 한다.

2021년 가을
반곡리 천외천에서 김상우

차례

제2부 강물은 다시 흐른다

제3부 반곡리에 오면

제4부 영혼 속의 영혼

〈일러두기〉

*본문에서 〉는 '단락 공백 표시'로 한 연이 새로 시작된다는 표시이다.

제1부
사랑에 관한 짧은 필름

단 한 가지의 사랑

한 가지만 사랑했다
나눌 수 없어 그쪽만 바라보았다
개복숭아꽃이 무더기무더기 피어 있는 밤에는
자꾸 눈물이 났다

눈물은 어느 강에서 온 것일까

머리를 흔들면 달빛이 은꽃처럼 떨어져 내렸다
담배 한 대를 말아
실오라기 하늘로 북북 뿜어 보냈다
어쩔 도리가 없어 그렇게 살았다

여전히 단 한 가지만 사랑했다.

흘러가는 가슴

당신을 생각하는 것은
가깝거나 혹은 보이지 않는 곳에서도
나를 바라보는 일이어서

진종일 닻을 내린 새벽 바다 그 한 편에서
조용히 나를 내려놓을 때
사랑한다는 천 마디의 말보다
물결이 이는 대로
당신에게로 흔들리며 흘러가는 가슴 같은 것,

당신을 생각하는 것은
그렇게 나를 바라보는 일이어서
가깝거나 보이지 않는 먼 곳에서도
사랑한다, 사랑한다는 천 마디의 말보다
아득히 나를 놓아주는 일이었다.

꽃 같은

그런 사람을 만나고 싶었어
그 품에 안기면 한없이 부서져
저를 다 내주고도 흐르고 흐르는
물 같은 사람

그런 사람이 보고 싶었어
하나도 남지 않아도
가슴 끝까지 다 타버려도
지금 여기만 바라보는 사람

그런 사람이 되고 싶었어
아무것도 아닌데
아무것에나 닿아도 꽃이 피는 사람
꽃 같은, 사랑 같은 사람.

홍이에게

평안합니까 사월이 지나가는
산벚꽃 아래 서 있습니다
마음이 다 할 때까지 살고 있나요
한 바람이 다른 바람을 일으키고 또 다른 길을 내며
여기까지 왔습니다
이제야 나와 다른 것도 사랑하게 됩니다
당신의 발도 시큰거립니까
시큰거릴 때마다 등줄기 시린 흰 꽃잎들이 떨어집니다
서른셋 예수의 나이를 한참 지나고 새치가 머리를 뒤덮어도
여전히 녹록한 사연은 밥풀처럼 붙어 있습니다
얼마 남지 않은 마음이지만
이제야 당신께 부쳐드립니다
남은 날의 꽃가루들이
황사처럼 길가에 흩뿌릴 때, 보입니까
우리 안에 사랑이 있는 한
끝없이 앞으로만 가는 저것들이
붉은 가지를 치며 또 다른 사랑으로 뻗어가는 저것들이
내내 당신을 기억합니다

마음이 다할 때까지 평안하십시오.

비의 노래

비가 옵니다 비를 닮은 소주를 마십니다

소주 안에는 어린 연어 두 마리가 등을 맞대고 있습니다
내일이면 아마도 깊고 푸른 바다로 떠나겠지요

빗속을 거슬러 가면
스무 살 그 여자의 눈썹이 가을 언덕을 기우뚱대며 오르고 있습니다

당신도 아십니다 그리움 사이에 서 있기 힘든 날이면
나는 잊어야 할 것을 잊지 못하는 한 마리 연어일 뿐이라는 것을

다시 돌아가 그 앞에 한 번은
마지막으로 온몸을 드러내야 하는 저 빗물이라는 것을

가을 언덕에 억수로 쏟아지는 수천 마리 연어 떼를 바라보며
나, 소주 먹습니다 안녕, 내 사랑들.

겨울 편지

있는 듯 없는 듯 삽니다
밤새 얼었다 녹았다
혼자 하늘 향해 두 눈 치켜뜬 산속 황태처럼
꿋꿋이 겨울나고 있습니다
아무래도 당신 계신 곳까지 못 갈 것 같습니다
사랑한다는 말도 이제 하지 않으렵니다
마음가지에 꽃 피면 어디라도 당신이 있기 때문입니다
말뿐인 세상에 마음 하나 지키기 어려워
겨울 아침 소소한 청수 한잔 올립니다
당신 있는 하늘처럼 저 맑은 물이 당신인 듯합니다
그 위에 물처럼 흘러갈 이름 석 자를 써보았습니다
그립다 말하지 않겠습니다
밤새 불었다 쉬었다 가는 바람인 듯
있는 듯 없는 듯 살고 있습니다.

봄날

그 여자의 봄날은 눈물이었다
다시 시작할 수 있다고 말하지 않았다
황사가 지나가는 골목에서 가끔은 나도 나를 잊고 싶어
술이 먹고 싶었으나
정작은 아프지 않은 영혼이 더 그리웠다

연분홍치마 휘날리는 사월이었지만
지난가을 잎 물에 잠겨 있는 천태산은 여전히 시월이었다
그 가을의 냇가에서 그녀는 머리를 빗으며
삶은 예측할 수 없어 오히려 편하다고 말했다

길은 있었지만 나의 길은 아니었다
그 여자가 기다리는 한 남자가 그랬고
내가 기다리는 한 여자가 그랬다

더는 기다릴 수 없는 사람들이 서 있던 냇가에는
두고 간 사랑들이 붉은 가을 잎으로 잠겨있고
모래알보다 가벼운 영혼들은 그 봄 황사와 함께 떠나

갔다

늦은 저녁 태풍이 북상한다는 소식이 들려왔다
아무도 오지 않겠지만 나는 문을 열어놓고 잠을 청했다.

사랑에 관한 짧은 필름

전화가 이주일째나 불통인 그녀는 때론 말이 없어서 차라리 평안했다
그날도 삶은 스스로 만든 굴레라고
담쟁이넝쿨이 내게 말했다
저녁에는 혼자 지는 태양을 바라보며 취생몽사를 마셨다
거절할 것을 안다면 먼저 돌아선다는 무사 서독*의 말은
천년이 지난 오늘도 좋은 약이다

노천 카페 '사막'에는 이른 술을 마시는 사내와
늦가을 구절초 같은 여자가 여전히 콜라를 마시고
벌써 세 번째나 분갑을 열어보던 유부녀가 길 끝을 향해
한 점 꽃잎처럼 손을 흔들었다

누구는 사랑을 위해 일생을 기다린다고 했다
일생을 잊기 위해 살다 간 사람도 있다

사랑받고 싶었던 날
부치지 않을 편지를 썼다
가늠할 수 없는 날씨처럼 기침이 아무 때나 나왔지만

나는 묵은 가을 잠바를 입고 봄비를 맞았다
삶은 차선次善이 없다고 봄비가 말했다

다시 산행을 시작한 날
사막의 끝이 보이는 곳에서 살아 있음은 또 다른 침묵이 되었다
누구에게나 살아갈 몫은 있고
잊기 위해 때로는 전부를 기억해야만 했다
이따금 살기 위해 밥을 먹었다.

* 서독: 영화 '동사서독'에 나오는 무사 이름.

만추

보고 싶다는 메시지가 온 것은 수요일 아침이었다
나무처럼 내내 서 있던 정류장 앞 마지막 시외버스가 떠나갔다
발끝으로 가는 실뿌리가 자라오기 시작했다
더는 갈 곳이 없어 좋았다

막차에는 한숨처럼 앉아 있는 사람들이 대여섯
손등 위로 파란 싹들이 돋아 나왔다
날이 밝으면 복사꽃 향 고운 엽차를 마실 수 있겠다

거미줄이 널려 있는 집에는
쓰다 버린 시들이 먼지처럼 뒹굴고
자작나무 숲 위로 바람이 흰 말인 듯 달려가고 있었다
속이 쓰려 왔지만 이국 여자 탕웨이 주연의 만추를 또 보았다
그녀는 내가 남겨 둔 햇살 중의 하나였다

무서리가 가르마처럼 뻗어가는 목요일 아침
방금 씻은 기억 몇 줌을 풍등에 담아 떠나보냈다

〉

오래오래 곰삭은 황석어 냄새가 몸에서 나기 시작하고
정작 사랑할 수밖에 없는 사람은 그녀가 아니고 나였다.

숨은 꽃
— 떠남에 대하여

그 사람 떠난 자리에
바람만 불었습니다

다시 그도
나도 처음처럼 겨울 들판이 되었습니다

함께한 날들은 어디선가에 숨은 꽃으로 남았습니다

누구는 지독히 미워했던 그마저도
사랑이 되었다 했습니다
사랑할 수 있는 가슴을 빌려준 고마운 사람이라 했습니다

그도 나처럼 하나뿐인 목숨이었습니다

그래서 꽃 같은 마음 남겨두고
그도 나도 들판이 되었습니다.

꿈길

오신다 하고는 늦도록 소식 한 통 없습니다
가을비는 내리고
당신 있던 곳에는 상수리 몇 잎 덧없이 앉아 있습니다
그리움 따위야 나중에 또 더하면 되지 않냐고
먼 하늘로 길을 내며 잔을 비웁니다
그 찬 입술에 나를 기대어 봅니다
아득하여라 꿈길인 듯 나를 잡고 가는 이
한 생이 저무는 저녁 당신 없어도 나는 저물어 가고
당신 없이도 나는 아득한 삶을 살겠지요
허리춤에 묻어 둔 날들은 알아서 흘러가겠지요
늦도록 오시지 않는 당신
상수리 한 잎 덧없이 앉아
꿈길인 듯 당신께 빈 잔을 올립니다.

사월

벚꽃이 진다
붉게 물든 여자의 목덜미 위로, 손가락 위로
수수처럼 날리는 머리칼 너머로
벚꽃이 진다
눈부시게 환하던 그날, 맨 처음 뛰던 가슴속으로
벚꽃이 진다
목젖까지 숨이 차오르는 사월
가장 벅찰 때 떠나라고
벚꽃이 진다
벚꽃이 핀다.

그 여자

그 여자 가슴에 배롱나무를 심습니다
알지 못하는 사람들을 만나며
내 가슴에도 배롱나무를 심습니다
그 새순이 자라기도 전 헤어지고 또 만납니다
사흘 낮 사흘 밤을 비가 오고 바람 붑니다
모두들 잘 서 있는지요
어제는 바람이 보고 싶어 강에 갔습니다
내어 맡긴 채 살면 오죽 좋으련만
여전히 힘줄 붉은 강물로 살고 있습니다
요즘은 한낮에도 어둡고 침침한 저녁이 자주 오고
보이지 않아 평안합니다
평안해서 두려워집니다
내가 나를 잃을까 머리맡에 시계태엽을 맞추어 놓습니다
올 가을에는 강 언덕에 배롱나무를 심을까 합니다
꼭.

찔레꽃

사람이 사람답게 살 수 없다면
이제 사랑을 말하지 말자

풀은 풀만큼
토끼풀은 토끼풀 만하게
염소 똥은 염소 똥만큼 또 그 곁에 누워
한평생 어우러져 살다가
어느 날 바람 앞에 돌아온 희디 흰 꽃아

사람이 사람답게 죽을 수 없다면
이제 사랑을 말하지 말자.

제2부
강물은 다시 흐른다

엄마 손

엄마가 내 손을 잡는다
수수깡 같은 마른 손이 떨리고
우리는 천천히 천천히 걷는다

처음 당신을 만나던 날
하늘 높이 나를 올리며 좋아라 하던 손
노란 단무지 김밥을 들고 나란히 소풍을 가던 손
겨울밤 엄마 무서워 하면 말없이 꼭 안아주던 손
이제 아기 손 되어 내 손을 잡는다
가슴이 시려오는 손
생애의 가장 긴 저녁 지친 하루를 씻어주던 손
하얀 쌀밥 한 그릇을 이불 속에 넣어두고
언제까지나 기다리던 그 손이 나를 잡는다

길의 끝이 가까워질수록 엄마는 빈 손 되어
바람이 되고 비가 되고
봄날의 하늘이 되어 간다

손을 꼭 잡고 우리는 걸어간다
꽃 같은 엄마 손이 천천히 천천히 웃는다.

한식寒食

그곳에 당신이 있습니다
눈이 오나 비가 오나 당신은 가만히 있습니다
첫사랑처럼 안겨오는 벚꽃 길을 따라 당신을 만나러 갑니다
당신에게 다가갈수록 꽃은 없고 바람만 무성합니다
꽃보다 바람이 아직도 좋은가요
찔레나무 곁에서 오랫동안 당신을 바라봅니다
나, 흰머리가 더 많은 오십입니다
내 길에도 늦은 아이가 생겼고 새순처럼 때 하나 묻지 않았습니다
이제 때 묻힐 일만 남습니다
내가 낳은 것이 아니라 단지 그의 문을 열어준 것뿐이라는 것을 압니다
당신 머리맡에 올해 처음으로 딴 꽃씨를 뿌립니다
바람에 몸을 맡긴 꽃씨들이 당신을 지나 먼 산까지 날아갑니다
당신의 나이 든 여인이 내게 쥐어 준 약속처럼
꽃들이 피어나면 또 다른 봄이 오겠지요
바람도 무성한 내 봄날이 오면

가고 오는 것이 없는 세상에서 우리 다시 만납니다
내게 문을 열어 준 당신으로 하여 내 길가에 꽃들이 피어 있습니다
당신 머리맡 풀씨들이 오늘따라 외롭지 않습니다
돌아가는 문은 이렇게 환하기만 합니다.

* 아버지 묘소는 고속도로 공사로 양촌 시골집 뒷산에 다시 모셨다.

역전 평화상회

역전시장 평화상회를 그만두던 날
엄마는 낡은 상처투성이 마늘 바가지부터 챙겼다
그녀만큼이나 나이 들고 야윈 바가지를 짐 보따리에 넣으며
사월 끝인데도 자꾸 코끝이 시리고 눈이 매웠다

이따금 역전 대합실에 가면 그렇게 눈이 아파왔다
아무렇지 않게 가버린 한 여자와 혼자 돌아온 사내가 거기 서 있었고
그 스물의 봄날 이후 나는 예외처럼 살았다
예외였기에 자유로웠고

때 낀 달력에는 여전히 주저앉아 있는 빨간 미수금들
2016년 4월 8일 은행동 노점 아줌마 고구마 4박스 배달
파장사 자전거를 빌려 타고 간 천변 슬레이트 집
홍등 아래서 아줌마는 울고 있었다
떡잎만 한 아이들을 두고 간 아저씨한테 재배를 드리고
벚꽃이 눈처럼 떨어지는 천변에 앉아 담배를 태웠다
〉

역전시장 평화상회 바가지를 씻다 보면
그 깊은 곳에서 너무 많은 길들이 만나고 헤어지며 또 만나는
삶이 보이고
아무렇지 않게 떠나고
아무렇지도 않게 돌아와야 하는 역전시장

사랑은 예외가 없다고 길이 말했다.

* 엄마는 역전시장에서 평화상회를 50년 동안 했다.
산에서 돌아온 이후 역전시장에서 그녀와 친구처럼
10년을 함께 보냈다.

5월에

돌아보며 살겠습니다
당신의 아들로 태어난 까닭을 알게 되면서
당신을 조금씩 쳐다볼 수 있게 되었습니다
굳이 건강하시라고 말하지 않습니다
당신은 당신대로의 삶을 살고 계십니다
당신의 남자가 떠나버리던 날
마른 할미꽃처럼 고개 숙여 눈물 나던 그 아침을 잊지 못해
아버지 무덤가 찔레꽃도 안마당에 심었습니다
파란 그 남자의 기억이 지금 하얗게 불거져 내리 꽃 피었습니다
당신은 언제쯤 피어 스스로를 사랑할 수 있을까요
당신의 길이 얼마나 고운 향내로 가득 채워져 있는지
이제는 안아도 됩니다
평안하고 싶지 않습니다
당신을 떠나간 사람들이 돌아올 때
당신의 발을 씻어 드리겠습니다 내 어린 발을 어루만져 주었듯이
굳이 어머니로 선택한 까닭을 알게 되면서

나를 알게 됩니다
당신을 닮은 수국이 저리도 곱게 피어있는 아침입니다
즐겁게 살겠습니다.

그들만의 꽃

평생 새벽시장에서 일만 했던 아버지는 아카시아 흰 꽃이
되어 돌아오셨다 해마다 오월이 오면
아카시아 단내를 마을 곳곳에 주렁주렁 부어놓고
늘 말도 없이 가셨다 교사로 퇴임한 큰 이모부는
본인 장례비를 수의 속에 몰래 남겨둔 채 별 좋은 가을
구절초처럼 떠나셨다 뇌사 연명 포기 신청서를
의료공단에 접수한 날 엄마는
평소 좋아하던 노란 국화를 샀다
가을 산은 불이 난 듯 환하고
아내는 자기 먼저 가도 나 혼자 잘 살 거라며
수국처럼 웃었다 까치밥으로
남겨 두었던 마지막 감이 뚝 떨어졌다
시작도 끝도 없는 파란 하늘이 꿈길인 듯 한없이 밀려
왔다.

전라도 여자

엄마는 전라도 여자
가슴을 다 내주고 가시만 남은 여자
살다 보면 살아진다는 여자
자꾸 눈을 찌르는 여자
역전시장에서 제일 늦게까지 있던 달의 여자
지금도 내게 용돈을 주는 예쁜 여자
하나만 남은 이빨에 틀니를 끼고 사는 여자
웃을 때 입을 가리고 웃는 수줍은 여자
나만 생각하는 이상한 여자
늘 붉은 여자
세상에 하나밖에 없는 그 여자.

희망이란 이름의 담배

이른 새벽 밤꽃 냄새 아련한 역전 서울 여인숙 골목길을 빠져나오며
희망을 태웠다
마른 잎이 타들어 갈 때마다 내 사랑은 아편처럼 피어났다가
이내 길 끝으로 지워졌다
내게 남은 것은 희망 담배 두 개비뿐이었다
가질 수 있는 것도 희망뿐이어서 왼쪽 가슴 밑, 때 낀 호주머니에
명찰처럼 달고 살았다
나, 물풀처럼 떠다니던 스무 살

살아있는 것이 아프고 서러워지면 산으로 갔다
삶이 그대를 속일지라도
가을 밭에 멧새처럼 쭈그려 앉아 서러웠던 옛것들을 불러 모으면
그것들은 씨앗이 되고 길이 되어
노을 저편 사랑으로 물들어 갔다
나, 여전히 서툴던 마흔 살 너머

〉

아무도 오지 않았지만 나무를 심기 시작했다

자귀, 체리, 산수유, 단풍, 작약, 목련, 이팝

내 안에 그리움이 하나둘 빠져나가

나, 바람으로나 떠돌아다닐 때

내가 모르는 사람들은 이 숲에서 또 연애를 하고 아이를 낳고 사랑을 하리라

나, 바람이고 싶은 이순의 가을.

* 1980년 초 희망이란 담배가 있었다.

코로나 기일

아무도 오지 못했다
아무래도 못 올 것 같네요
열린 문밖에 서 있던 바람이 무뚝뚝하게 말했다
고사리 사과 북어포 떡국을 올리고 술을 부었다

아버지, 사람도 함부로 만나지 못하는 세상이 왔습니다
우리가 뿌린 씨앗입니다
당신 있는 그곳은 어떠십니까
맑은 날은 언제쯤이나 올까요

퇴주잔을 물리고 불은 떡국을 먹었다
흰 계란 지단이 혼자 먹으면 어쩌냐고 물어왔다
이 또한 지나가리라고……
불은 떡국을 입 안 가득 넣었다
바람이 오늘따라 춥다며 문을 쾅 닫았다.

걸레의 꿈

누비고 다니던 지친 때들 다 오시라
소금처럼 말라붙은 밥풀
남해바다 멸치 대가리
뜨겁게 한 시절 풍미한 찌개 국물
진종일 돌아다녔던 부르튼 발 냄새
어젯밤 담벼락에 붙어
홀로 토해내던 눈물까지도
내 가슴에 다 쏟아붓고 가시라
빨아도 빨아도 지워지지 않는
그대들 생 다 거둘 때까지
나는 가슴만 남은 걸레.

겨울 학하동

학하동 정신병원 가는 사거리
'모든 금붙이 삽니다'
뼈보다 더 굵은 글씨로 박혀 있는 현수막 아래
'꽃씨 필요하신 분 드립니다'
'따뜻한 솜이불이 되어 줄 목화씨 나누어 드립니다'
무명천 현수막을 걸고 싶었던
겨울 학하동, 사거리.

강물은 다시 흐른다

1993년산 정가 삼천 원짜리 시집을 읽는다
오래 묵은 노랗게 말라버린 강줄기를 따라
여전히 지워지지 않은 왼쪽 어깨의 흐린 우두 자국처럼
살아 있는 그 길을 따라
누구는 벌써 가버리고 누군가는 겨우 남아 있는
노란 달맞이꽃이 줄지어 피어 있는 언덕배기
그대들 잘 있는지 보고 싶어
볼 때마다 눈 흐려지는 시집을 읽는다
삼천 원짜리 꽃길을 걷는다
강물은 다시 흐르고,

웃는 돌

돌 속에 애기똥풀이 피어 있었어
살구 같은 계집애가 우산을 쓰고 햇빛 속으로 걸어가더군
냇가엔 막걸리를 마시는 사내가 두어 명
시인은 시를 고쳐 쓰다가
깊은 생각에 빠져들고
휘이 휘이 바람이 그의 머리를 냇물처럼 적셔 주었지
누렁이는 배를 드러낸 채 팔자 좋게 잠이 들고
그때야 애기똥풀이 걸어 나와 가는 허리를 곧추세우고는
돌 속에 살고 있는 시들을 구경하더군
하도 그리워 혼이 빠진 시
수줍은 듯 돌아서는 총각 시
뭔 얘기를 하는지 도무지 모르겠는 할배 시
벌써 낮술에 취해 붉어진 시
이따금 시들은 눈물을 글썽이기도 하데
어느 결에 왔는지 누렁이도 눈물을 글썽글썽
애기똥풀은 알게 되었어
사랑으로 태어난 모든 것은 가슴이 있고
별처럼 따뜻한 씨앗들이 그 가슴 속에 숨어 있었지

애기똥풀이 제 집으로 돌아간 하오下午였어
쓰다 만 시가 바람에 나뒹구는 것도 모른 채
시인은 잠이 들고
살구 같은 계집애가 우산을 쓰고 햇빛 속으로 걸어오고 있었어
돌 속의 시들이 웃고들 있더라구.

삶

소금처럼 살다 간 사람이 있다
혹처럼 남의 등에 얹혀살다 간 이도 있다

깨진 돌 틈새로 피어난
민들레와 개나리 같은 아이들이 아우성치는 봄날

삶이 묵언默言으로 다가올 때 그는 웃었다
아무에게도 발설할 수 없는 사랑을 품고
나름대로 다들 꽃 피다 가는 것이었다

소금은 소금대로 혹은 혹대로
민들레는 민들레대로 개나리는 개나리대로

누구와도 견줄 수 없는 사랑을 하며 봄날은 갔다.

화양연화花樣年華

술을 마신다
머위, 참나물, 애기쑥, 개망초, 꽃다지……
방금 뜯어온 안주들
첫 이슬을 털며
누구에게나 세상에서 가장 빛나던 순간은 있고
누가 보아주지 않아도 찔레꽃은 피고
쓸데없는 것들은 없는 거라고
덧없는 세월은 없는 거라고
제 숙명을 향해 걸어가는 모든 것들을 위해
해장술을 마신다
이 마지막 남은 아침, 푸르른.

손톱을 깎으며

손톱을 깎는다
햇살 아래 묵은 신문지를 펼쳐놓고
지나온 길을 만난다

엄지를 깎으면
삼십 년이 무색한 친구가 걸어온다
프레스에 으깨어진 네 손가락
엄지만 남은 용수는 엄지 하나로도 잘 살고 있는지
엄지를 치켜세우며
잘려나간 손톱이 길 밖으로 뛰어간다

아버지는 소 발톱처럼 두껍게 갈라진 손톱을
어떻게 깎았을까 그 가을날
아버지 손톱을 처음으로 깎아주었다
억센 뼈보다 질긴 그이의 세월을
고운 한지에 넣어주었다

아내가 아들 손톱에 봉숭아 꽃물을 들인다
첫눈이 올 때까지 꽃물이 남아 있으면

네 사랑을 만날 거야 아직도
유효기간이 남아 있는 걸까
이순의 나이로 들어섰는데 여전히 빨갛게 물든 저녁이 있다

골고루 깎인 손톱
사랑한 만큼 깎여져 나간 길들
드러누워 있거나 엎어져 있는 그것들을 하늘로 던진다
햇살처럼 눈부신 나날들이
눈 속으로 박혀오고
지고 또 피는 꽃처럼 그렇게 손톱은 다시 자란다.

싸파의 봄

흰 소금 같은 아이들이 놀고 있다
개울을 건너자 멀리 판시판 산에 햇빛들이 내려온다
우리는 눈을 비비며 웃고, 아이들의 볼이 살구처럼 웃는다
돌 위에 진흙을 쌓으며 함께 싸파의 성을 만든다
말이 통하지 않아도 손들이 부딪칠 때
손가락 끝에서부터 파랗고 흰 꽃들이 피어난다
그때마다 갓 태어난 꽃씨들이 판시판 산으로 날아오른다
아내는 다큐처럼 사진을 찍는다
뷰파인더 안에 놓인 2008년 12월 20일 하오 2시는 과거가 된다
성을 허물고 햇빛 아래서 간식을 먹는다
고사리 같은 손들이 갑자기 민들레 풀씨처럼 쏟아져 온다
배를 채운 냇물이 다시 소리 내어 흐르고
이방인의 마음이 빨갛게 달아오를 때까지
아이들은 상아처럼 흰 돌을 내 손 가득 채워준다
그 옛날 청년 예수는 돌로 떡을 만들었다지
우리는 마지막 남은 떡을 내밀고 오토바이에 오른다

한 입씩 떡을 나누어 먹는 아이들의 머리 뒤로 판시판 산에 햇살이 웃고 있다

싸파는 언제나 내 안의 봄이다.

* 싸파는 베트남 북부 소수민족이 사는 도시이다.

반곡리 이장

배가 고파야 좋은 시가 나온다고 이장이 말했다
노을을 쳐다보다가 배가 고파
밥 대신 막걸리를 마셨다

찔레꽃이 날리던 봄날
트럭에 아내와 아이를 싣고 햄버거를 팔러 다녔다
하루 벌어 하루를 살았다
시를 쓸 겨를이 없었다

겨울바람이 홍도동 낮은 양철대문을 두드리던 한낮
동네 미용실에서 파마를 했다
새벽 찬물로 머리를 감고
시장 한쪽에서 쪽잠을 잤다
잠이 모자라 시는 생각도 나지 않았다

배가 고파야 좋은 시를 쓴다고 이장이 말했다
바닥에 깔린 막걸리가 아까워 물을 타서 다 마셨다

제3부
반곡리에 오면

시를 잊었습니다

시 한 편 못 쓰고 유월이 갔습니다
비만 쳐다보며 보냈습니다
몇 날 며칠을 빗속에 얼굴을 파묻고
하늘만 하염없이 바라보다가
시를 잊어버렸습니다
나도 잊어버렸습니다
시 한 편 못 쓰고 유월이
강으로 흘러가 버렸습니다.

길의 노래

고맙습니다
더는 달리 할 말이 없습니다
모자랄 때마다 당신들을 만난 이유를 생각합니다
길가에 뒹구는 돌 하나, 지금 머리 위를 흐르는 구름 하나도 필연 아니겠습니까
만나야 할 것들을 죄다 만나고 다시금 씨앗으로 갑니다
서운하면 또 오겠지만 더 낮은 자리로 오겠습니다
만나서 두루두루 기뻤습니다 내게 사랑의 가지를 키워 준 지상의 길들 앞에
묵묵한 삼배를 드립니다
안녕.

대평리에서
— 유미에게

강에 간다
흐르는 것은 가볍고
살아 있는 것은 저렇게 흐른다

오래도록 홀로 남아 있던 당신
이 대평리에서 네 아픔의 깊이보다
더 깊고 넉넉한 사랑을 만난다

저 강에 우리가 있고 모든 것은 흘러갈 때
비로소 온전한 일생으로 살아나는 것을

남은 그리움을 씻으며
이제 당신도 그만 저 물결로 떠나야 한다

온몸을 적시고도
뼈 하나 상하지 않는 물로 흐를 때

어둠을 덮고 넉넉한 사랑으로 다시 서는 대평리
살아 있는 것은 늘 저렇게 흐른다.

논두렁 물

나는 시골에 사는 논두렁 물입니다
물꼬가 열리면 아랫마을로 갑니다
가다가 벼꽃이 필 때까지
아재 논에 한참을 누워 있기도 합니다
흰 쌀알이 여물어갈 때면
우렁이랑 놀던 옆 마을 친구도
갈대밭에 쭈그려 있던 사촌도
우르르 강으로 갑니다
가을이 오면 사람들
우리 곁에 오래 앉아 있다가
지친 한숨 털며 돌아갑니다
나도 그 옆에서 한참을 쉬었다 갑니다
나는 시골에서 온 논두렁 물입니다
더 낮은 곳으로 흘러가는 강물이기도 합니다.

반곡리에 오면

반곡리에 오면 먼저 무심히 담배 한 대를 피울 일이다

세상일은 세상에 맡기고 산처럼 서서
하루가 억새 숲 너머로 저무는 것을 그저 지켜볼 일이다

두고 온 마음이 있더라도 반곡리에 오면 미련 따위는 없어야 한다

아이의 가난한 화첩, 쌓인 편지, 칫솔, 티켓, 어차피 두고 가야 할 사랑, 낡은 일기장, 안경닦이, 눈처럼 환하던 스무 살, 풀보다 못한 정치

그대로 두고 사랑만 오라
가슴 가장 깊은 곳에서부터 차갑고도 두려운 사랑 길처럼 뻗어 오리니

오늘도 심심深深한 그대, 반곡리에 오면 먼저 무심한 사람으로 올 일이다.

진호에게

한 채의 집보다 한 채의 따뜻한 가슴이 있으면 좋겠어
조금 늦더라도 걸으며 들꽃들을 볼 수 있으면
그 꽃향기에 온몸을 맡길 수 있으면
이른 아침 홀로 일어나 가슴이 뛰는 소리를 들을 수 있으면 좋겠어
세상 가운데 넘어져도 스스로를 위로할 줄 알면
길이 달라도 그 길을 내 길처럼 아껴줄 수 있으면
열심히 살기보다는 즐겁게 살았으면 좋겠어
내게 상처를 준 사람이 내 부족함을 알려준 스승이라고 말할 수 있으면
삶이 두려워질 때 이미 나는 완전한 존재임을 믿을 수 있으면
사소한 것에도 수줍어할 수 있으면
기쁠 때 큰 소리로 웃고 슬플 때 큰 소리로 울 수 있으면 좋겠어
사랑하다가 헤어져도 길 끝에서 친구로 만날 수 있으면
햇빛과 바람에 나를 맡길 수 있으면
가슴이 소리치는 곳으로 갈 수 있으면
언제 어디서나 영혼의 주인으로 살 수 있으면 좋겠어

그리고 어느 날
이 모든 것을 개의치 않는 자유인이면 더 좋겠어.

눈물에 대하여

두려워 마라 정말 두려운 것은
울어야 할 때 울지 못하고
돌아서야 할 때 돌아서지 못하고
네 삶을 버려야했던 그날
지나온 길이 아쉬워 마지막 용기를 내지 못한 것
그리하여 떠나야 할 때 떠나지 못하고
기필코 사랑해야 할 때 사랑하지 못한 것

엎드려 망아지처럼 울고 있는 그대

두려워 마라 네 눈물의 씨앗이
지상의 허망한 둑을 허물고 가지를 치며
하늘로 뻗어가고 있다.

꽃 피는 하늘

— 혜랑에게

나는 너에게 빈손을 내민다
너는 네가 원한 만큼만 그 손에 쥐리라
나는 아비라는 이름으로 요구하지 않는다
너는 아무 때라도 떠날 수 있고
사람으로 와서 자유로 가리라
나는 거친 햇빛과 싱싱한 바람과 묵상의 숲을 바라본다
네 영혼이 쪼그라든 버찌처럼 지쳐갈 때
그것들은 네게 새로운 가슴을 주리라
나는 세상의 빛나는 이름들을 네게 건네지 않는다
너는 이름 뒤에 숨어 있는 사소한 사람을 사랑하리라
어느 날 본래 없던 것처럼 나는 네 곁을 떠나겠지
너는 무리 가운데 있어도 늘 사자처럼 홀로 있고
홀로일 때만이 삶은 네 곁을 떠나지 않으리라
그리하여 너는 지상의 왕보다
꽃 피는 하늘이 되리라.

여름 연가

장마가 시작되던 날
다락방 한쪽 패총처럼 쌓여 있는 낡은 시집들을 꺼내 왔다
이사 갈 때마다 잠 못 이루던 시절이 안쓰러워
차마 버리지 못했던 그것들은
붉게 녹슨 무령왕의 신발처럼 누렇게 바래 있었다

철 지난 유물 같은 시집 한 권을 펼치면
'십일월, 단풍 닮은 당신에게, 1986년 홍지서림'
가을 철새처럼 띄엄띄엄 날아가는 맨 뒷장의 낯익은 파란 글씨
그 책 틈서리에는
부치지 않은 엽서가 엎드려 숨어 있었다
아직도 할 말을 다 못한 채
30년 동안 주인을 기다리고 있는 말라버린 연서 한 장

목탄처럼 검게 그을린 어느 시집에는
베토벤의 월광 소나타가 낮은 담 너머로 새어 나가고
창밖에는 첫눈이 내리고 있었다

이 땅에 뿌리내려야 했던 백제의 사내들은
한 해의 마지막 술잔을 남긴 채 다시 떠날 채비를 하고
기약할 수 없는 내일이지만
흩어진 씨앗으로 제 길을 갈 때
꽃 피는 곰나루에서 한 움큼 풀꽃으로 또 만나자는 봄이 우리 안에 있었다

15촉 칸델라 불빛 따뜻하던 그 겨울, 객점에 서 있던 백석의 시
남쪽 섬 그늘에서 온 천희는 단가를 부르고
바다를 말할 때마다 눈에서는 파도가 일었다
가자미를 보면 고향이 떠오른다고
운동장 앞 태극기가 아직도 바람에 펄럭인다고
내 가난한 바다는
삼성동 쇠전거리 지나 가을 배추밭 너머
아득히 멀어져 가던 노을빛 호남선 완행열차에 실려 있었다

(그날 천희와 무심히 탁주를 마시고

오그라진 그녀 손에 찬찬히 내 손을 포개며 날이 밝는 줄도 몰랐지)

이제는 나도 녹이 슨 채로 점점 저물어 가는 여름의 끝자락
빛바랜 유물들을 좁쌀만 한 햇살에 하나씩 널어놓으며
자꾸 손이 가렵고

한때 찬란했던 시집들은 장마 내내 개천으로 흘러갔다
(제대로 꽃 한번 피지 못한 이름 없는 시들은
또 어디에서 고개를 떨구고 있을까)

지방처럼 버려진 엽서 한 귀퉁이
언제부터인지 무명의 개미떼들이 꽃 같은 만장을 휘날리며
줄지어 곰나루로 몰려오는 것을
나는 꿈인 듯 바라보았다.

* 천희: 백석 시 「통영」에 나오는 "미역 오리같이 말라서 굴껍지처럼 말없이 사랑하다 죽는다는" 처녀의 이름.

연산역 바람개비

텅 빈 것들이 모여 신나게 돈다
흰 아이가, 노란 아이가, 파란 아이가
바람이 까르르 웃으며
은행나무 위로 올라간다
햇살이 어흥, 하고 소리치면
첫차를 기다리는 절뚝배기 할배도, 노점상 강씨 아줌마도, 철도 계약직 이 양도, 평화상회 김 씨도
다 같이 돈다 텅텅 비어
통근 열차도 텅 비어가는데
텅 빈 사람들이 모여
텅텅 신나게 신나게 돈다.

달의 소리

늦은 밤 흰 겨울 들판을 첨벙거리며 달려가는 소리

구부러진 녹슨 못처럼

허리 굽은 한 사내가

지나온 달빛을 바라보고 있다.

참회

기도해 보았는가
오로지 가슴 하나만 간절히 서 있는 새벽
흘러가지 못하는 당신이
넘쳐 저절로 흘러갈 때까지
숨이 다할 때까지
기다려 보았는가

엎드려 감사해 보았는가
보고 만지고 듣고 느낄 수 있는 피부에 대하여
한여름 밤 지는 노을에 대하여
사랑할 수 있는 용기와 헤어져도 남아도는 사랑에 관하여

함부로 사랑한다 말하지 마라
아무 때나 그립다 말하지 마라
스스로를 용서해본 적도 없는

나는 그립다
아무것도 원하지 않는 내가.

12월

이제 뿌리만 남습니다
겨울 시냇가에 앉아 뿌리만 남은 길을 씻습니다
갈 것은 가고 올 것은 옵니다
살아온 모든 길이 단 한 치의 오차도 없이
내가 원하던 대로 저기 서 있습니다
장끼 한 마리 자작나무 숲 위로 흔쾌히 날아갑니다
방금 씻은 새 길로 손님처럼 눈이 옵니다
손님처럼 나도 이제 떠납니다.

겨울 눈

빈 들
못내 떠날 수 없어 서성대는 이 누군가
가슴 터진 사랑들이 다시 모여
언 땅에 씨를 뿌린다
필연처럼.

학가산

학가산 하늘은 맑기도 하다
내 아는 사람이 사는 그 산에는 돌도 맑고 길도 맑아서
나처럼 흐린 사람이 가도 맑게 안아준다

소리란 소리가 다 모이는 학가산에는
바람이 손을 씻는 소리
한 번뿐인 아침을 흔들며 깨어나라 외치는 소리
돌들이 내 가슴을 치는 소리
상처 없는 사람이 어디 있겠냐며
맑은 눈빛으로 밤새 흐르는 물소리

지나온 길이 가야 할 길을 보채는 그 산에는
한 사내가 산그늘로 붉게 저물어 갈 때마다
길들이 발을 씻으며 다시 사랑으로 돌아가고

내 알던 사람이 사는 학가산에는
오늘도 맑은 눈빛들이 하늘을 이루고
그 사람 생각만으로 맑아지는 나도 하늘이 된다.

강원도의 힘

강원도 횡성 가는 길에는 수탉 같은 산들이 모여 살고 있다
하늘로 긴 목 빼들고 깨어라 깨어나라 외치는 산들
삶의 끝에 서 본 사람은 안다
지나온 길들이 가을이면 덧난 속살 드러내며 분분한 단풍으로 물들던 것
붉은 정체등이 깜박이는 강릉 길 외진 고속도로
내 갈 곳 잃어 침묵으로 서 있던 나날들은
어쩌면 저 달빛 같은 개망초 밭 되어 밤마다 고운 꿈꾸며
여전히 누군가를 기다리고 있는지 몰라
꼬리에 꼬리를 무는 긴 유배의 행렬
밤의 유리창에는
먼 길을 돌아 온 사내가 마른 풀씨처럼 앉아 있고
언제쯤이나 햇살 고운 영혼으로 꽃필런지
남은 날들의 가늘고 긴 휘파람 소리가 들려오는
강원도 횡성 가는 길에는
수탉 같은 산들이 괜찮아 괜찮아 고개 쳐들고
벽력 같은 홰를 치며 살고 있다.

풍장風葬

사랑니를 뺐다
입 안에서 찬 가을바람이 불어왔다
나 죽어도 천년은 살아 있을 그것을
하늘로 던졌다
복復.

제4부
영혼 속의 영혼

부질없는 그대에게

부질없이 구름이 떠가고
부질없이 강물이 흐른다
부질없이 봄비가 내리고 부질없이 꽃대가 올라온다
부질없이 편지를 쓰고 부질없이 연애를 한다
부질없이 애를 낳고 부질없이 아비가 된다
부질없이 밥을 먹고 부질없이 시를 쓴다
부질없이 삶을 살며 부질없이 사랑만 생각하고
부질없이 길을 가다 부질없이 신발을 고쳐 신고
부질없이 봄비를 맞으며 부질없이 가슴에 꽃대는 올라오고
부질없이 언덕을 오르며 부질없이 파란 하늘만 보이고
부질없이 그대 소식을 건네면
강 건너 닻을 내리고 있는 그대
예쁜 생애가 나는 자꾸 보인다.

서시序詩

가리라
나를 낳은 여인과 나를 키운 들판을 가로질러
맨 처음 사랑을 나누던 그 저녁과
갈색 피부와 앞서 간 사람들의 신神을 버리고
가리라

망아지처럼 뛰어 가리라
바람은 풀처럼 향기롭고
그리운 시냇가에 내 가슴을 물속에 흘려보내면
어깨를 털며 막 깨어나는 새벽 숲 위로
사랑이 언 가지를 뒤흔들며 푸른 싹을 내미는 것을
나는 보리라

그곳, 네 가슴이 다한 곳에서
세상의 모든 아침 앞에서
첫 여인과의 황홀한 떨림 안에서
바람이 머무는 숲 속의 고요 속에서

네 몸이 풀처럼 향기로워질 때

나는 언제나 그곳에 있으리라

그리하여
아버지의 아버지가 나를 애타게 찾았듯이
네 안에서 또 다른 사랑이 너를 찾아오리라

가리라
앞서간 사람들의 신神을 버리고
푸른 보리밭의 추억을 지나
저 태양의 이마 위로 뛰노는 망아지처럼
나는 가리라.

왕의 가을

누구나 왕입니다
노란 강아지풀도, 하얀 억새도, 저 빛나는 노을도
모두가 왕입니다

왕의 나라 가을 언덕에 가보셨나요
엄마 강아지풀이 어린 강아지풀 손을 잡고 춤추는 그 언덕
아빠 억새가 흰 옷을 두르고 바람의 노래를 부르는 시원始原의 언덕

왕은 간섭하지 않고 시기하지 않고 지배하지 않습니다

누구나 왕인 나라
노란 강아지풀도, 하얀 억새도, 저 빛나는 노을도
모두가 왕인 나라에 당신은 무엇입니까
지금 막 고개 떨구고 있는
당신은.

내 길의 씨앗

— 슬픔에게

돌고 돌아서 왔습니다
내게 골 깊은 상처를 준 당신이 있기에
이곳까지 올 수 있었습니다
내게 새 길을 열어 준 당신이 있기에
삭은 가지 아래 깊은 뿌리를 내릴 수 있었습니다
슬픔이 더 큰 사랑이 된다는 것을 알았습니다
내 곧았던 가지 부러지고 작은 바람에도 휘어 넘어지는
풀처럼 삽니다
두려워하지 않습니다
당신이 원하는 대로 흔들릴 수 있습니다
어서 오시지요, 내 길의 씨앗인 당신.

섬

내 안에 섬이 있다
당신과 똑같은 또 다른
오로지 물과 바람과 불이 있는 곳
너무 가까워서 갈 수 없는 섬이 있다
누구는 신이라 하고
누구는 사랑이라고 하는
당신이 태어나기 훨씬 전부터
이미 존재했던 다시 돌아가야 할 섬
너무 가까워서 갈 수 없는 섬이 있다
그 섬에 우리가 있다.

사랑한다면

사랑한다면
바람이 내 몸을 지나갈 수 있도록 열어 놓을 일이다
진정으로 사랑한다면
자신에게도 간섭하지 말 일이다
아무것도 바라지 말아야 한다
나무처럼 그저 서 있어야 한다
사랑한다면.

오늘 하루

산속에 산이 있다
물속에 물이 있다

한 사람 속에 또 만 사람이 있다
나는 무엇을 하고 있는가

만 년을 기다려 온 오늘 하루가
눈시울 붉게 저물고 있다.

지금 여기

천억 광년의 우주가 한순간 꽃 피는 자리
이슬처럼 앉아
바라보라,
지금 여기.

바람의 넋

바람처럼 살 일이야
허공에 무한의 꽃을 피우는 그처럼 살 일이야

아무 거리낌 없이
풀 풀 바람 씨 날리며

새벽 바다 푸른 물길 위
풀보다 더 가벼운 바람의 넋으로 살 일이야.

오월의 비

종일 비 내립니다
당신에게 가는 길은 뼛속까지 젖어 마냥 춥기만 합니다
압니다, 당신이 비로 오셨음을
누웠던 싹들 다시 일어서고 마른 가지에 찔레꽃이 흰 얼굴을 드러냅니다
나도 다시 일어납니다
발목을 걷고 도랑을 파고 새 물꼬를 엽니다
가도 가도 끝이 없는 길이기에 지금 이 순간을 사랑합니다
비를 맞으며 감사합니다
지천으로 노래하는 개구리에게도 내내 감사합니다
한 줌의 영혼을 깨워 준 당신이 밤새도록 내리고 있습니다
아기별처럼 핀 찔레꽃 가슴에 나를 맡기고
당신 머리맡에서 나, 잠이 듭니다
새 물꼬 사이로 당신이 흐리게 웃고 있습니다.

길 속의 길
— 광비에게

길 속에 길이 있다
가슴속에 또 가슴이 있다
가면 갈수록 낮아지는 산 하나가 오늘은 엎드려 길이 되고
나는 길이 되어 돌아오는 한 사람을 마중 나간다
사랑은 많았지만 그렇게 살기는 어려웠다
가슴으로 가기에도 벅찬 날들 앞에 네가 있으므로 오늘을 산다
말하지 않아도 기다릴 수 있는 것은
너를 쳐다보는 것이 나를 보는 것
왼손이 하는 일을 은밀히 감싸주는 오른손의 침묵으로 우리가 만날 때
가슴속에 가슴이 또 열리고
길이 되어 함께 떠나는 동행은 언제나 말이 없다.

왼손의 노래

오랜만에 오셨습니다
그토록 기다려도 안 오더니 이제야 오셨습니다
늘 오지만 언제나 조금 늦게 오시는군요
이미 다른 길로 들어섰는데
그 길이 아니라며 돌아섰는데
나의 기도는 당신 옷자락도 스치지 않았나 봅니다
겨울밤 흰 소금처럼 떠 있는 별들을 보며
나를 사랑하지 않는 한
나의 둘레를 묵묵히 껴안고 살지 않는 한
늘 한 발 늦게 오시겠지요
그래도 감사합니다
오셔서 나를 일깨우는 당신
당신 앞에 나의 야윈 영혼을 바칩니다.

영혼 속의 영혼

초원의 새벽 풀처럼
밤새 머리맡으로 불어오던 들판의 바람처럼
숲 속의 검붉은 바위처럼
흐르는 개울물처럼
물가에 서 있는 차가운 햇살처럼
이 모든 영혼 속의 영혼처럼
사랑이 왔네.

현해탄

바람 한 점 없다
대마도를 지나는 길은 두고 온 하늘처럼
푸른 침묵이다

소태처럼 입에서 단내가 나는 바다
바다보다 더 깊은 사랑이 흔들리며 서 있는 현해탄
바다보다 더 깊은 사람만이 현해탄을 볼 수 있으리라

북동쪽의 하늘에는 눈 시린 겨울 눈꽃도 지고
나는 가야 한다

하늘 위에 또 하늘이 있는
바다보다 더 깊은 천외천天外天으로.

산행

당신은 뿌린 대로 거둔다고 했습니다
이따금 요행도 바랄 때가 있었습니다
오래전 그 길가에서 이쪽으로 왔기에 지금 여기에 있습니다
파란 제비꽃이 피어 있는 산길을 오르며
내 사랑은 아직도 부족하고 그만큼만 옆 사람도 사랑하게 됩니다
오를수록 몸이 무거워지고
내 둘레를 에워싸고 있는 성난 마음들이 지나가길 기다리며
한참을 앉아 있습니다
나 하나도 힘들어 하면서 나는 또 사랑을 시작합니다
숨차 오르는 길을 따라 꼭대기에 올라서면
높은 곳의 교만함을 멀리 하라고 저 아래 마을이 말하고 있습니다
높고 낮은 사람도 없는 세상이 있겠습니다
내려오는 길은 더 조심스럽고
산길에 핀 꽃 하나도 모두의 것이었습니다.

시인 수첩

길 혹은 여정旅情, 나를 찾아서

늦가을 서리 낀 배추밭의 유년

아버지는 마부였다. 햇살 좋은 날이면 엄마와 함께 말에게 먹일 풀을 베러 나갔다. 엄마를 따라간 열두 동굴 철교가 있는 들판. 엄마가 잡아준 방아깨비로 방아 찧는 놀이를 하다가 그마저도 시들해지면 나는 내내 기차가 지나가기를 기다렸다. 해가 해설피 질 때쯤 호남선 완행열차가 들판 끝 노을 속으로 사라지는 것을 보며 집으로 돌아왔다. 노을 끝에는 무엇이 있을까. 언젠가는 나도 기차를 타고 저 노을 끝으로 가고 싶었던 여섯 살.

그 여자아이는 다리 건너편 양옥집에 살았다. 늦가을 학교 갈 때마다 나는 그 집 문 앞에서 손을 호호 불며 녀

석을 불렀다. 철 대문을 열고 나오는 흰 얼굴에 긴 생머리 아이. 미술 시간 내 크레용은 12색을 넘지 못했고 토막 난 것이 더 많았지만 그 아이 것은 금색과 은색이 있는 36색 왕자표 크레파스였다. 대부분의 아이들이 도화지 몇 장을 화판에 대고 그림을 그릴 때, 그 애는 큰 화첩에 그림을 그렸다. 그 애 흰 손가락에 분홍빛으로 번져있던 왕자표 크레파스의 늦가을. 우리는 그 가을 내내 서리가 하얗게 낀 끝없이 펼쳐진 배추밭 길을 따라 학교에 다녔다. 검은콩 같은 아이들이 줄지어 등교하던 나의 열 살.

키 큰 플라타너스가 있는 연못 그늘에 앉아 피리를 불었다. 아이들이 다 가버린 교정엔 합주반 아이들만 모여서 각자 맡은 악보를 펼쳐 들고 교정 곳곳으로 흩어진 채 연습을 했다. 아무도 없는 연못에서 혼자 피리를 불면 피리 소리를 따라 물결이 일렁이는 듯했다. 그 한없이 평안했던 침묵과 내 얼굴을 가리던 키 큰 플라타너스 잎사귀의 열두 살.

닭똥집과 소주 한 잔의 동맥 문학동인회

1978년도 C고 문과 2학년 2반은 절반이 회장이었다. 시골에서 나름 1~2등을 한 녀석들이어서인지 동네 교회 고등부 회장부터 독서회, 음악회. 문학회 회장 등등……. 봄 가을이면 행사 팸플릿이 교실 가득 넘쳐났다.

대전지역 남녀 고교생들이 모이는 동맥 문학회를 나가면서부터 오로지 문학회의 일상이 내 전부가 되었다.

문학회의 가장 중요한 행사는 초겨울 창립 기념일에 맞춘 문학제와 동인지 출간이었다. 2학기 동안 작품을 합평하고 저녁 늦게까지 낭송 연습을 해야만 했다. 나는 낭송 작품의 배경 음악을 맡게 되어서 내내 책가방 대신 레코드판을 들고 학교에 다녔다.낭송 연습이 끝나면 동맥 선배님과 포장마차에서 들끓는 소주를 마셨다. 닭똥집 한 점과 흰 소금에 묻어나던 선배들의 이야기는 술보다 더 달콤했다.

전주, 아름다워서 숨은 꽃으로 남은 땅

전주로 내려가는 버스 안에서 윤대녕이 심각하게 물었다.

꼭 전주로 가야만 하냐고. 응, 따뜻한 남쪽이 좋아서.

전주에서의 삶은 아름다웠다. 한 사람을 만났고 그는 내 안에 사랑의 가지를 만나게 해 주었고 내 가슴에 숨은 꽃으로 남았다. 중노송동 자취방은 대녕이 다니던 단대 문예 장학생들이 종종 바람 쐬러 오는 코스였고, 몇몇 시인들의 음악 감상실이기도 했고, 더러는 노동현장에 가 있는 선배들이 쉬었다가 가는 아지트이기도 했다.

한 번은 시인 박남준 형과 정엽 형(현장 노동운동가)과 나, 이렇게 셋이서 연말 송년회를 내 자취방에서 하게 되었다. 셋 다 타향살이의 설움이라는 동병상련 때문이었을까. 사흘 내내 우리 셋은 방안에만 틀어박혀 막걸리를 마셨다.

그 겨울 새벽 베토벤의 월광이 낮은 담장을 타고 흘러갈 때 밖에는 흰 눈이 소리 없이 내리고 있었다. 아침이면 또 각자의 길로 갈 사람들이었지만 우리는 한 움큼의 풀씨로 곰나루에서 만나자는 말 없는 약속을 가슴속에 새기고 있었다.

다시 대전에서 노동야학

점심으로 고등어국이 나왔다. 오전 내내 LPG 가스통을 도장했다. 도장된 가스통이 100도 이상의 열기를 머금고 내 자리에 도착하기 시작하면 내 손은 쉴 새 없이 바빠졌다. 도장을 기다리는 가스통을 옆의 도장 벨트로 옮기고 열처리된 가스통을 다른 벨트로 옮겨야 한다. 도장을 시작한 회색 페인트 가루가 마스크에 쌓이기 시작했다. 일이 끝나면 내 코와 머리는 회색으로 염색이 되었다.

점심을 먹고 난 후에는 박스 위에 누워 잠시 쪽잠을 잤다. 오후에는 보일러 반장이 보일러 통속에 쇠붙이를 용접하라고 했다. 종현이가 말했다. “형 조심하세요. 그러다가 유리섬유 한번 박히면 평생 안 빠져나와요.” 겨우겨우 보일러 통속으로 누운 채로 들어갔다. 1m가 채 안 되는 공간에 누운 채 용접을 시작했다. 매캐한 용접 냄새가 코를 찔렀다.

퇴근 후에는 용수가 입원해 있는 병원에 가야 했다. 용수의 손은 프레스 작업 중에 안전장치가 작동을 안 해 뭉개졌다.

기획 디자인 출판사

출판사를 하면서 다양한 사람들을 만났다. 좋은 친구들과 예쁜 후배들, 동료 같은 직원들, 내게 새로운 기쁨을 주었던 그들. 출판사는 지역 내 딴따라들의 직장이 되었고, 아지트가 되었고, 술집이 되었고, 각종 유인물 제작소가 되었다. 공동체 같은 출판사, 직원과 사장이 돌아가면서 밥을 해야 하는 출판사, 일이 끝나면 우르르 술 마시러 가는 출판사, 밤새우는 것을 밥 먹듯이 하는 출판사, 직원들은 어디에 내놓아도 부족함이 없는 실력을 갖추고 있었다. (후일 서울로 간 직원은 출판계통에서 최고의 연봉을

받기까지 했다.) 출판사는 손님과 친구와 후배들로 늘 북적거렸다. 내가 소백산으로 떠나기 전까지.

소백산, 그리고 영혼의 스승들을 만나다

29살. 세상의 절반을 산 나이. 여전히 내 안에는 깊은 슬픔이 가라앉아 있었다. 사람 사이에만 있을 뿐 사람 속으로 들어갈 수가 없었다. 그로 인해 상대방에게 아픔을 반복적으로 주고는 했다. 나는 누구인가. 나는 다시 사랑의 가지를 찾을 수 있을까…….

그리고 그 간절함 속에서 한 통의 전화가 왔다. 소백산에 살고 있는 한 사람을 찾아가 보라는 후배의 전화였다.

말을 잊은 채 살게 되었다. 말 이전에 침묵이 더 진실에 가깝다는 것을 알게 되었다. 시를 쓰지 않고 살고자 했다.

그곳에서 많은 영혼의 스승들을 만났다. 까비르, 석두, 마조, 라즈니쉬, 승찬, 석가, 혜능, 예수, 마하리쉬, 미라레빠, 요가난다, 칼릴 지브란, 루미…….

모두가 스승이었다. 달빛도, 냇물도, 슬픔도.

또 다른 여인이 나를 낳을 때까지.

소울 메이트, 진광비

산을 오가며 한 사람을 만났다. 7년 동안 만남과 헤어짐이 반복되었다. 나와 같은 길을 가는 그런 도반 같은 친구였으면 했다. 그리고 어느 늦은 가을 우리는 도반이자 영혼의 동반자가 되었다. 지혜와 사랑으로 태어난 혜랑이의 탄생도 보았다. 그녀는 언제나 친구가 되기도 하고 스승이 되기도 하고…….

엄마와 친구처럼 함께한 역전 평화상회, 그 10년

눈이 내리고 있었다. 깡통마다 모닥불이 꽃처럼 타오르는 새벽 역전시장.

엄마는 유난히도 눈을 좋아했다. 마늘을 다듬다 말고 눈 내리는 밖을 망연히 쳐다보며 "예쁘게도 내리네." 혼잣말을 중얼거리는 엄마. 아버지가 돌아가신 후 엄마는 혼자서 가게를 보았다. 역전시장에서 제일 늦게까지 남아있는 달의 여자. 그런 그녀와 함께한 지도 어느새 10년이 지나가고 있었다. 이 눈이 그치고 나면 평화상회도 문을 닫게 될 것이다. 오십 년의 세월. 1남 5녀를 키운 곳. 그 오십 년을 마감하는 잔치를 벌이기로 했다. 고별 파티. 그리고 봄이 오겠지.
평화상회. 아버지가 이름 지었던 가게.
낡고 깨진 벽에 쓰여 있는 거래처 이름들과 이웃들.
옥계동 아줌마, 가양동, 큰 멸치, 떡집, 짠돌네, 작은 멸치, 요구르트, 육교 욕쟁이 할매, 할렐루야 아저씨, 새마을, 빨간 모자, 발발이, 용운동 깍쟁이, 옥천댁, 신 서방, 추풍령, 오리촌, 은주네, 장 씨 아줌마, 담배 가게, 수일네.
엄마 가슴에 붉은 인감처럼 새겨진 그들.
오래오래 이 벽에 남아 있을 것이다.

글을 마치며—세상에서 가장 어렵고 용기 있는 길을 간 소백산 친구들에게

비 내리는 소백산의 저녁은 이른 가을이었다. 누구는 시를 얘기하고, 또 누구는 가물가물한 첫사랑을 얘기하고, 그렇게 우리는 빗속에서 술을 마셨다. 삶의 또 다른 길을 찾다 보니 우리는 만나게 되었고, 서로에게 위안이 되기도 했고, 더 밝은 지혜를 주는 친구가 되기도 하였다. 이 지상에서의 삶이 영혼의 삶이기를 바라며 우리 각자는 지금 이 순간에도 그곳을 향해 가고 있다. 받아들이고, 또 받아들이며.
소리에 놀라지 않는 사자처럼, 그물에 걸리지 않는 바

람처럼, 무소의 뿔처럼. 빗속에서 한 사내가 춤을 추었다. 곧이어 다른 사내가 춤을 추고, 그렇게 다섯 명의 사내들은 반백의 세월 앞에서 춤을 추었다. 그리고 우리는 이윽고 한 무리의 춤추는 꽃이 되었다. 간혹 바람이 되고 비가 되고 오래도록 서 있는 저 세월이 되기도 하고……. 내일이면 나는 또 내가 있던 곳으로 가겠지만 우리는 세월의 그 끝에서 다들 만날 것이다. 하나도 닮지 않고 한결같이 닮은 얼굴로.

진흙에 더럽혀지지 않은 연꽃처럼.

해설

진실한 사랑 혹은 순결한 영혼

— 김상우, 「사랑에 관한 짧은 필름」에 대하여

이은봉(시인, 광주대 명예교수, 대전문학관 관장)

2019년 시전문 문예지 《세종시마루》를 통해 등단한 김상우 시인이 첫 시집을 간행한다. 등단은 좀 늦었지만 김상우 시인은 고등학교 때부터 대전에서 범고등학교 문학동인회 활동을 하며 시를 써온 사람이다. 김대현 시인이 지도하는 '보리수'(후일 동맥으로 명칭이 바뀜)라는 이름의 대전시 범고등학교 문학동인회의 일원으로 활동했던 것이 그이다. 필자는 윤대녕 작가, 이종진, 김남규 시인, 박수연, 송기섭 평론가 등이 그때 김상우 시인과 함께 활동을 했던 것으로 알고 있다. 그만큼 시력(詩歷)이 두터운 사람이 김상우 시인이라는 것이다.

이처럼 그는 젊어서부터 시의 마음을 가꾸어온 사람이

다. 평생을 두고 시의 마음을 가꾸어온 사람이 그라는 것인데, 물론 이는 쉽지 않은 일이리라. 늘 조화와 합일을 꿈꾸는 순수한 마음, 무구한 마음이 시의 마음이 아닌가. 그래서일까. 내게는 시인 김상우는 물론 그의 시도 늘 정갈하고 멋져 보인다. 구질구질하지 않은 사람, 담백하고 깨끗한 사람이 그라는 것이다. 그렇다 김상우 시인은 내 것을 챙기려고 악착같이 덤벼드는 사람이 아니다. 넉넉하고 너그러운 마음으로 세상의 물물들과 균형과 조화를 이루며 사는 사람이 그이다.

그가 사람이나 물물을 어렵지 않게 양보하거나 떠나보내는 것도 이러한 마음과 무관하지 않아 보인다. 따져보면 어렵지 않게 양보하거나 떠나보내기는 하지만 못내 아쉬워하는 것이 그이기는 하다. 이때의 양보와 떠나보냄을 잊기 위해 그는 항용 쓸쓸한 자세로 “담배 한 대를 말아/실오라기 하늘로 북북 뿜어 보”내고는 하는 듯도 싶다. “개복숭아꽃이 무더기무더기 피어 있는 밤에” “자꾸 눈물”을 흘리거나 하는 사람이 그라는 것이다. 시에 드러나 있는 그의 마음은 이처럼 진실한 사랑 혹은 순결한 영혼으로 가득 차 있다.

진실한 사랑 혹은 순결한 영혼의 소유자여서일까. 그는 이런저런 짜잘한 이익 따위에 별로 좌고우면하지 않는다. 그저 “단 한 가지만 사랑”(「단 한 가지의 사랑」)하는 사람이 그라는 것을 잊어서는 안 된다. 이처럼 그는 맑고 선한

심성을 갖고 있는 사람이다. 심지어는 "당신을 생각하는 것은/가깝거나 혹은 보이지 않는 곳에서도/나를 바라보는 일"(「흘러가는 가슴」)이라고까지 말하는 것이 그이다. 그러면서 그는 "사랑한다는 천 마디의 말보다/아득히 나를 놓아주는 일이" 더욱 진실하다고 언급한다. 진실한 사랑 혹은 순결한 영혼에 대한 그의 의식지향은 다음의 시를 통해서도 확인할 수 있다.

그런 사람을 만나고 싶었어
그 품에 안기면 한없이 부서져
저를 다 내주고도 흐르고 흐르는
물 같은 사람

그런 사람이 보고 싶었어
하나도 남지 않아도
가슴 끝까지 다 타버려도
지금 여기만 바라보는 사람

그런 사람이 되고 싶었어
아무것도 아닌 데
아무것에나 닿아도 꽃이 피는 사람
꽃 같은, 사랑 같은 사람.

—「꽃 같은」 전문

이 시에서 화자인 시인은 먼저 "만나고 싶었"던 사람이 있다고 진술한다. 이때의 그가 "만나고 싶었"던 "그런 사람"은 누구인가, "보고 싶었"던 "그런 사람"은 누구인가. "품에 안기면 한없이 부서져/저를 다 내주고도 흐르고 흐르는/물 같은 사람"이 다름 아닌 "그런 사람"이다. "가슴 끝까지 다 타버려도/지금 여기만 바라보는 사람" 말이다. "그런 사람"을 찾고 있는 것이 시인이거니와, 이 시의 3연에 이르면 그는 저 스스로 "그런 사람이 되고 싶었"다고 말한다. 이어지는 구절에서는 그가 "되고 싶었"던 "그런 사람"이 "아무것도 아닌 데/아무것에나 닿아도 꽃이 피는 사람/꽃 같은, 사랑 같은 사람"으로 구체화된다. 이때의 "그런 사람"이 사랑이 많은 사람, 사랑이 풍성한 사람이리라는 것은 불문가지이다.

사랑이 많은 사람, 사랑이 풍성한 사람은 어떤 사람인가. 내가 보기에 그러한 사람은 잘 참는 사람, 잘 견디는 사람이 아닌가 싶다. 다른 시 「비의 노래」에서 그가 말하는 "내일이면 아마도 깊고 푸른 바다로 떠나"야 할 사람을 따듯하게 떠나보내는 사람 말이다. "그리움 사이에 서 있기 힘"들더라도 잘 참고 잘 견디는 사람이 바로 "그런 사람"이리라. 잘 참고 잘 견딘다고 하더라도 그가 자신으로부터 떠난 사람을 아주 다 잊어버리는 것은 아니다. "붉은 가지를 치며 또 다른 사랑으로 뻗어가"더라도 "내내 당신을 기억"(「홍이에게」)할 것이라고 말하는 것이 그이기 때문이다.

이처럼 그의 시에는 '당신'으로 표상되는 수많은 사랑의 대상이 등장한다. 사랑이 많고 풍성한 사람에게는 사랑의 대상이 많고 다양할 수밖에 없다. 그의 시에 등장하는 사랑의 대상이 이른바 '연인'으로만 국한되는 것은 아니라는 것이다. 겉으로는 사랑하는 남녀 간으로 읽히더라도 속으로는 그렇지 않게 읽히는 경우도 있기 때문이다. 이를테면 그의 시에 나오는 사랑하는 '당신'이 아버지일 수도 있고 어머니일 수도 있다는 뜻이다. 사랑하는 '당신'이 뜻하는 이러한 내포는 다음의 시의 경우에도 마찬가지이다.

있는 듯 없는 듯 삽니다
밤새 얼었다 녹았다
혼자 하늘 향해 두 눈 치켜뜬 산속 황태처럼
꼿꼿이 겨울나고 있습니다
아무래도 당신 계신 곳까지 못 갈 것 같습니다
사랑한다는 말도 이제 하지 않으렵니다
마음가지에 꽃 피면 어디라도 당신이 있기 때문입니다
말 뿐인 세상에 마음 하나 지키기 어려워
겨울 아침 소소한 청수 한잔 올립니다
당신 있는 하늘처럼 저 맑은 물이 당신인 듯합니다
그 위에 물처럼 흘러갈 이름 석 자를 써보았습니다

그립다 말하지 않겠습니다
밤새 불었다 쉬었다 가는 바람인 듯
있는 듯 없는 듯 살고 있습니다.

—「겨울 편지」 전문

이 시에서 시인은 우선 자신이 처한 형편에 대해 말한다. "있는 듯 없는 듯" 산다고, "밤새 얼었다 녹았다/혼자 하늘 향해 두 눈 치켜뜬 산속 황태처럼/꿋꿋이 겨울나고 있"다고 말이다. 편지 형식을 취하고 있는 이 시에서 시인은 이처럼 저 자신의 현존을 사랑하는 '당신'에게 전한다. 이로 미루어 보더라도 여기서의 사랑하는 '당신'이 꼭 '연인'으로만 보이지는 않는다. 이어지는 구절에서 그는 "아무래도 당신 계신 곳까지 못 갈 것 같습니다"라고 말하고 있다. 당신이 계신 곳은 어디인가. 이 시의 "당신 있는 하늘" 등의 구절로 미루어 보면 그곳은 아마도 이승이 아닌 것으로 판단된다. 그곳이 저승이라면 당신이 누구인가도 조금쯤은 드러난다. "마음가지에 꽃 피면 어디라도" 있는 당신, "겨울 아침 소소한 청수 한잔" 올리는 당신의 경우 작고하신 시인의 아버지일 수도 있기 때문이다. 그렇다면 아버지에 대한 시인의 사랑이 얼마나 지극하고 정성스러운지도 알 수 있게 된다.

여기서 시인의 '사랑하는 당신'과 관련해 이런저런 논의를 하고 있는 까닭은 비교적 단순하다. 연애편지의 형

식으로 쓰는 시에서도 그의 사랑의 대상이 오직 연인만을 뜻하지는 않는다는 것을 강조하기 위해서이다. 이러한 논의를 통해서도 알 수 있듯이 사랑이 많고 풍성한 사람에게는 누구라도 사랑의 대상이 많고 다양할 수밖에 없다. 말할 것도 없이 이는 의심할 바 없는 사실이다. 그렇다고는 하더라도 시에 등장하는 이성이 지금이나 과거의 연인으로 읽힐 때 그의 시가 좀 더 실감 있게 다가오는 것은 사실이다. 예의 당신이 연인으로 읽힐 때 사랑을 노래하는 그의 시의 경우 독자들의 감정을 좀 더 자극한다는 뜻이다. 이러한 점은 "그 여자의 봄날은 눈물이었다/다시 시작할 수 있다고 말하지 않았다/황사가 지나가는 골목에서 가끔은 나도 나를 잊고 싶어"(「봄날」) 등의 구절에 등장하는 '그 여자'의 경우에도 마찬가지이다. 시인의 마음속에 실재하는 '그 여자'가 어머니라고 하더라도 이 시에서는 연인으로 읽힐 때 훨씬 감동을 준다는 것이다.

전화가 이주일째나 불통인 그녀는 때론 말이 없어서 차라리 평안했다
그날도 삶은 스스로 만든 굴레라고
담쟁이넝쿨이 내게 말했다
저녁에는 혼자 지는 태양을 바라보며 취생몽사를 마셨다
거절할 것을 안다면 먼저 돌아선다는 무사 서독*의 말은
천년이 지난 오늘도 좋은 약이다

노천 카페 '사막'에는 이른 술을 마시는 사내와
늦가을 구절초 같은 여자가 여전히 콜라를 마시고
벌써 세 번째나 분갑을 열어보던 유부녀가 길 끝을 향해
한 점 꽃잎처럼 손을 흔들었다

누구는 사랑을 위해 일생을 기다린다고 했다
일생을 잊기 위해 살다 간 사람도 있다

사랑받고 싶었던 날
부치지 않을 편지를 썼다
가늠할 수 없는 날씨처럼 기침이 아무 때나 나왔지만
나는 묵은 가을 잠바를 입고 봄비를 맞았다
삶은 차선次善이 없다고 봄비가 말했다

다시 산행을 시작한 날
사막의 끝이 보이는 곳에서 살아 있음은 또 다른 침묵이
되었다
누구에게나 살아갈 몫은 있고
잊기 위해 때로는 전부를 기억해야만 했다
이따금 살기 위해 밥을 먹었다.

—「사랑에 관한 짧은 필름」 전문

이 시의 화자는 지금 대전 도심의 "노천카페 '사막'"에 와 있다. 하지만 시의 분위기만으로 보면 이곳은 사하촌 어디 산속 마을인 것처럼 느껴지기도 한다. 아무튼 "노천카페 '사막'"이 "혼자 지는 태양을 바라보며 취생몽사를 마"실 수 있는 곳인 것만은 분명하다. 더불어 이곳은 "술을 마시는 사내"와 "콜라를 마시"는 여자가 함께 있는 곳이기도 하고, "벌써 세 번째나 분갑을 열어보"고 있는 유부녀가 저 혼자 있는 곳이기도 하다.

아마도 중국 술인 듯한 "취생몽사를 마"시며 "노천카페 '사막'"에 혼자 있는 시인의 모습은 자못 쓸쓸해 보인다. 시인은 왜 지금 이처럼 쓸쓸한 모습으로 이곳에 와 있는 것일까. 무슨 이유로 그는 지금 이 허전한 공간에 저 스스로를 유폐시키고 있는 것일까. "누구는 사랑을 위해 일생을 기다린다고 했다/일생을 잊기 위해 살다 간 사람도 있다" 등등의 몇몇 구절로 미루어보면 그 까닭이 사랑의 상실과 무관하지 않은 듯도 싶다. 사랑을 잃은 슬픔이 하도 커 이 "노천카페 '사막'" 속에 저 스스로를 소외시키는 것일 수도 있으리라.

하지만 이러한 논의는 시인의 의도와 전혀 상관없는 필자만의 몽상에 지나지 않을 수도 있다. 실제로는 "이주일째나 불통"인 전화를 걸고 싶은 곳이 어머니가 계시는 집일 수도 있기 때문이다. 이는 다른 시 「만추」에서 "보고 싶다는 메시지가 온" 공간과 주체의 경우도 마찬가지이다. 이 시에서는 시인이 거주하고 있는 공간이 좀더 구체적으로 사하촌 어디 산속 마을로 드러나 있지만 말이다. 어쨌거나 이 시에서 핸드폰에 "보고 싶다는 메시지"를 보낸 사람은 떠나온 집에 계시는 어머니 일 수도 있다는 것이다. 이러한 논의는 물론 그의 시가 그만큼 다의성을 지니고 있다는 것이기도 하다.

이 시 「만추」의 몇몇 구절로 미루어 보면 그가 집을 떠나 사하촌 근처의 산속 마을에 저 스스로를 소외시키고 있는 것은 시를 쓰기 위한 것일 수도 있다. "거미줄이 널려 있는 집에는/쓰다 버린 시들이 먼지처럼 뒹굴고" 등의 구절이 이러한 상상을 가능하게 해준다. 이러한 측면에서 이 시를 읽으면 "그녀는 내가 남겨 둔 햇살 중의 하나였다"라는 구절에서의 '그녀'도 어머니로 읽어 무방하다. 여기서의 '그녀'를 사랑하는 연인으로 읽은들 어쩌하겠냐만 말이다.

이러한 방식의 독해는 다른 시 「숨은 꽃—떠남에 대하여」에 등장하는 "그 사람 떠난 자리에/바람만 불었습니다"라고 했을 때의 '그 사람'의 경우도 마찬가지이다. 여기서의 '그 사람'을 그의 곁을 떠난 연인으로 읽어도 무방하지만 돌아가신 아버지로 읽어도 무방하다는 것이다. 이러한 점은 "늦도록 오시지 않는 당신"을 노래하고 있는 시 「꿈길」에서 강조되고 있는 '당신'의 경우에도 마찬가지이다.

물론 이러한 양가적 독해는 시인의 의도된 기획과 실천에 의한 것일 수도 있다. 서정시의 본래적 정서가 연애 감정에 기대고 있다는 것을 그가 이미 잘 알고 있지 않으가. 그가 이러한 기획에 선뜻 나서는 것은 "사람이 사람답게 살 수 없다면" "사랑을 말하지 말자"는 생각을 갖고 있기 때문이 아닌가 싶기도 하다. "사람이 사람답게 죽을 수 없다면" "사랑을 말하지 말자"(「찔레꽃」)라고 생각하는 것이 시인 김상우라는 것을 주목해야 한다. 무엇보다 이는 그가 그만큼 '사랑에 대해 깊은 통찰을 지니고 있다는 것을 증명해준다.

서정시는 본래 대상에 대한 합일의 정서, 일치의 정서를 바탕으로 한다. 이때의 합일의 정서, 일치의 정서는 측은지심의 형태이든, 연민의 정신이든 사랑의 마음에 토대를 두기 마련이다. 성장하는 한 개인에게 사랑은 맨 처음 가족들로부터 비롯되기 마련이다. 이러한 점은 시인 김상우의 경우에도 다를 바가 없어 보인다. 상당수의 그의 시들 역시 어머니나 아버지 등 가족에 대한 사랑, 곧 가족에 대한 측은지심이나 연민 등에서 발상되고 있기 때문이다.

우선은 어머니나 아버지에 대한 그의 사랑을 담아내고 있는 시들부터 확인된다. 어머니를 노래한 시로는 「엄마 손」, 「역전 평화상회」, 「5월에」, 「전라도 여자」 등을 예로 들 수 있고, 아버지를 노래한 시로는 「한식(寒食)」, 「코로나 기일」 등을 예로 들 수 있다. 그런가 하면 「그들

만의 꽃」에는 아버지, 어머니, 이모부, 아내 등 가까이 지내는 가족들 모두가 등장하는 시도 있다. 다음은 어머니의 삶과 함께했던 시인의 삶을 얼마간 엿볼 수 있는 시이다. 어머니와 직접 겪은 시인의 삶이 섬세하면서도 사실적으로 형상화되어 있는 것이 이 시이다.

역전시장 평화상회를 그만두던 날
엄마는 낡은 상처투성이 마늘 바가지부터 챙겼다
그녀만큼이나 나이 들고 야윈 바가지를 짐 보따리에 넣으며
사월 끝인데도 자꾸 코끝이 시리고 눈이 매웠다

이따금 역전 대합실에 가면 그렇게 눈이 아파왔다
아무렇지 않게 가버린 한 여자와 혼자 돌아온 사내가 거기 서 있었고
그 스물의 봄날 이후 나는 예외처럼 살았다
예외였기에 자유로웠고

때 낀 달력에는 여전히 주저앉아 있는 빨간 미수금들
2016년 4월 8일 은행동 노점 아줌마 고구마 4박스 배달
파장수 자전거를 빌려 타고 간 천변 슬레이트 집
홍등 아래서 아줌마는 울고 있었다
떡잎만 한 아이들을 두고 간 아저씨한테 재배를 드리고

벚꽃이 눈처럼 떨어지는 천변에 앉아 담배를 태웠다

역전시장 평화상회 바가지를 씻다 보면
그 깊은 곳에서 너무 많은 길들이 만나고 헤어지며 또 만나는
삶이 보이고
아무렇지 않게 떠나고
아무렇지도 않게 돌아와야 하는 역전시장

사랑은 예외가 없다고 길이 말했다.

—「역전 평화상회」 전문

이 시의 말미에는 특별한 주석이 달려 있다. "엄마는 역전시장에서 평화상회를 50년 동안 했다. 산에서 돌아온 이후 역전시장에서 그녀와 친구처럼 10년을 함께 보냈다"가 그것이다. 이 구절에 따르면 그는 어머니와 함께 대전의 역전시장 평화상회에서 10년 동안 장사를 한 듯싶다. 주석에 따르면 평화상회에서 장사를 했던 시기는 앞에서 말한 사하촌 어딘가 산속 마을에서 가족이 살고 있는 대전으로 돌아온 이후부터인 것으로 보인다.

이 시는 그렇게 10년을 보낸 뒤 시인과 엄마가 역전시장 평화상회를 그만 두던 날의 경험을 담고 있다. "역전시장 평화상회를 그만두던 날/엄마는 낡은 상처투성이 마

늘 바가지부터 챙겼다" 등의 구절이 이를 말해준다. 아마도 이 평화상화는 "낡은 상처투성이 마늘 바가지" 등의 구절로 미루어 보아 온갖 푸성귀를 소매하던 야채가게인 듯하다. 따라서 이어지는 구절의 "그녀만큼이나 나이 들고 야윈 바가지"가 얼마나 정이 든 것인가를 알기는 어렵지 않다. 어머니가 역전시장 평화상회에서 장사를 하던 50년 동안 온갖 마늘을 그곳에 담아 팔았을 것이기 때문이다. 이로 미루어 보더라도 그와 어머니가 "역전시장 평화상회를 그만두던 날" 이 바가지를 "짐 보따리에 넣으며/사월 끝인데도 자꾸 코끝이 시리고 눈이 매웠"을 것은 자명하다.

이처럼 이 시에는 시인이 경험한 정성스럽고 지극한 삶의 체험이 담겨 있다. 이 시가 "아무렇지 않게 가버린 한 여자와 혼자 돌아온 사내가 거기 서 있"는 등의 낭만적 감성을 바탕으로 하고 있더라도 그것은 마찬가지이다. 하지만 이러한 낭만적 감성의 뒤에 "때 낀 달력에는 여전히 주저앉아 있는 빨간 미수금들/2016년 4월 8일 은행동 노점 아줌마 고구마 4박스 배달/파장수 자전거를 빌려 타고 간 천변 슬레이트 집/홍등 아래서 아줌마는 울고 있었다/떡잎만 한 아이들을 두고 간 아저씨한테 재배를 드리고" 등 삶의 구체적인 모습이 도사려 있다는 것을 잊어서는 안 된다.

이 시집에 이처럼 실감 있는 가족 소재의 시들이 실려

있는 까닭은 무엇인가. 이는 무엇보다 시적 감흥을 일으키는 가장 일차적인 인간관계가 가족으로부터 비롯되기 때문으로 보인다. 가족이야말로 시적 주체의 심미적 감흥을 부추기는 첫 번째 대상이라는 것이다. 이 시집이 그의 첫 시집이니만큼 가족을 대상으로 하는 시가 다수인 것은 당연해 보인다. 가족이야말로 한 사람이 태어나 맨 처음 이루는 인간관계라는 것을 잊어서는 안 된다.

그렇다면 한 사람의 주체가 가족이라는 대상을 극복한 이후 새롭게 만나게 되는 대상은 무엇인가. 말할 것도 없이 그것은 '저 자신'이다. 그렇다. 가족에 대한 질문에 뒤이어 찾아오는 질문은 '나 자신'에 대한 질문이다. 곧바로 나란 누구이고, 무엇인가라는 질문이 뒤따라온다는 뜻이다. 이때의 '나'와 관련해 김상우의 시에서 먼저 확인할 수 있는 것은 '희망'이다. 여기서 말하는 희망과 관련해 일단 그는 자신의 시에서 다음과 같이 말한다.

이른 새벽 밤꽃 냄새 아련한 역전 서울 여인숙 골목길을 빠져나오며
희망을 태웠다
마른 잎이 타들어 갈 때마다 내 사랑은 아편처럼 피어났다가
이내 길 끝으로 지워졌다
내게 남은 것은 희망 담배 두 개비뿐이었다

가질 수 있는 것도 희망뿐이어서 왼쪽 가슴 밑 때 낀 호주머니에
명찰처럼 달고 살았다
나, 물풀처럼 떠다니던 스무 살

살아있는 것이 아프고 서러워지면 산으로 갔다
삶이 그대를 속일지라도
가을 밭에 멧새처럼 쭈그려 앉아 서러웠던 옛것들을 불러 모으면
그것들은 씨앗이 되고 길이 되어
노을 저편 사랑으로 물들어 갔다
나, 여전히 서툴던 마흔 살 너머

아무도 오지 않았지만 나무를 심기 시작했다
자귀, 체리, 산수유, 단풍, 작약, 목련, 이팝
내 안에 그리움이 하나둘 빠져나가
나, 바람으로나 떠돌아다닐 때
내가 모르는 사람들은 이 숲에서 또 연애를 하고 아이를 낳고 사랑을 하리라
나, 바람이고 싶은 이순의 가을.

—「희망이란 이름의 담배」 전문

위의 시는 시인이 "물풀처럼 떠다니던 스무 살" 때의 기

억을 바탕으로 하고 있다. 이 시의 1연에서 그는 "이른 새벽 밤꽃 냄새 아련한 역전 서울 여인숙 골목길을 빠져나오며/희망을 태웠다"고 말하고 있다. 겉으로는 '희망이란 이름의 담배'를 태웠다고 하고 있지만 속으로는 스무 개의 희망 중 열여덟 개의 '희망'을 버렸다고 하고 있는 것이 이 시의 이 대목이다. 이제 그에게 남은 희망은 두 개뿐인데, 그것을 시인은 여기서 "내게 남은 것은 희망 담배 두 개비뿐이"라고 말한다. 열여덟 개의 절망과 두 개의 희망이 남아 있는 그가 "스무 살" 무렵 "물풀처럼 떠다"녔다는 고백은 자못 진실해 보인다.

이 시의 2연에 따르면 앞에서 말한 시인의 몇몇 행적이 짐작되기도 한다. 열여덟 개의 절망과 두 개의 희망만 남게 된 그가 마침내는 예의 사하촌의 산속 마을로 떠난 듯하기 때문이다. 이어지는 구절에서 그가 "살아있는 것이 아프고 서러워지면 산으로 갔다"고 노래하는 것이 이를 잘 증명해준다. 이 시의 나머지 부분에 따르면 이윽고 그도 다시 속세로 내려와 "연애를 하고 아이를 낳"은 듯싶다. 물론 다시 속세로 내려왔다는 것은 앞에서 말한 것처럼 그가 대전의 "역전시장에서 그녀와 친구처럼 10년을 함께 보"낸 것을 가리킨다.

이러한 삶의 과정을 통해, 정신의 추이를 통해 그는 저 자신의 현존을 발견하고, 저 자신의 현존에 대해 통찰하게 된다. 그가 저 자신을 두고 "나는 시골에 사는 논두렁 물"(「논두렁 물」)이라고 말하고 있는 것이 그 대표적인 예이다. "그대들 생 다 거둘 때까지/나는 가슴만 남은 걸레"(「걸레의 꿈」) 등의 구절도 마찬가지이다. 물론 뒤의 시에 드러나 있는 "나는 가슴만 남은 걸레"라는 자아개념은 "어젯밤 담벼락에 붙어/홀로 토해내던 눈물"로 상징되는 타자에 의해 형성된다.

그의 시에서 저 자신의 현존을 발견하고, 저 자신의 현존에 대해 통찰하는 일은 오래지 않아 타자의 현존을 발견하고, 타자의 현존을 통찰하는 쪽으로 나아간다. 이때의 타자는 그의 시 「겨울 학하동」에서 "'꽃씨 필요하신 분 드립니다'"라고 말하는 사람, 「삶」에서 "소금처럼 살다 간 사람", 즉 "남의 등에 얹혀살다 간" 사람을 포괄한다. 물론 이러한 점은 그가 다른 시에서 "돌 속에 애기똥풀이 피어 있었어"(「웃는 돌」)라고 노래할 때의 돌이나 애기똥풀이라고 해도 다르지 않다.

그의 시에서 타자에 대한 관심의 확대는 이내 대상에 대한 관심의 확대를 불러온다. 대상에 대한 관심의 확대는 이내 더 낮은 세계를 향한 그의 눈길을 확대시킨다. 여기서 말하는 더 낮은 세계는 말할 것도 없이 소외된 것들, 버려진 것들, 아파하는 것들을 가리킨다. "프레스에 으깨어진 네 손가락"의 용수, "엄지만 남은 용수", 곧 "엄지 하나로"(「손톱을 깎으며」) 살아가는 용수도 그것들 중의 하나이다. "배가 고파야 좋은 시가 나온다고" 말하는 사람.

곧 "트럭에 아내와 아이를 싣고 햄버거를 팔러 다"(「반곡리 이장」)니던 사람에 대한 관심도 동일한 맥락에서 받아들여야 한다.

이처럼 그의 시의 대상이 확대되는 데는 저 자신에 대한 그의 깊은 성찰이 자리해 있다. 그가 이미 "기도해 보았는가/오로지 가슴 하나만 간절히 서 있는 새벽"에 "엎드려 감사해 보았는가/보고 만지고 듣고 느낄 수 있는 피부에 대하여"(「참회」)라고 말하는 사람이라는 것을 잊어서는 안 된다. 이러한 정신경지는 그의 시의 "강에 간다/흐르는 것은 가볍고,/살아 있는 것은 저렇게 흐른다"(「대평리에서—유미에게」)라고 노래하는 구절에 의해서도 확인된다. 물론 이러한 표현이 가능한 것은 삶이 그저 흘러가는 것일 뿐이라는 것을 그가 익히 알고 있기 때문이다. 다른 시에서 그가 온갖 집착을 끊고는 "갈 것은 가고 올 것은"(「12월」) 온다고 노래하는 것도 같은 맥락에서 이해해야 한다. 이는 또 다른 시에서 그가 "두려워 마라 정말 두려운 것은/울어야 할 때 울지 못하고/돌아서야 할 때 돌아서지 못하"(「눈물에 대하여」)는 것이라고 노래하는 것만 보더라도 잘 알 수 있다.

이러한 그의 정신차원은 다음의 시에 의해서도 확인이 된다. 이 시에서는 나날의 사람살이를 두고 "텅 빈 사람들이 모여/텅텅 신나게 신나게" 도는 것이라는 그의 깨달음이 담겨 있기 때문이다. 다소 아쉽기는 하지만 이 시의 전문을 함께 읽으며 여기서 글을 매조지하기로 한다.

텅 빈 것들이 모여 신나게 돈다
흰 아이가, 노란 아이가, 파란 아이가
바람이 까르르 웃으며
은행나무 위로 올라간다
햇살이 어흥, 하고 소리치면
첫차를 기다리는 절뚝배기 할배도, 노점상 강씨 아줌마도, 철도 계약직 이 양도, 평화상회 김 씨도
다 같이 돈다 텅텅 비어
통근 열차도 텅 비어 가는데
텅 빈 사람들이 모여
텅텅 신나게 신나게 돈다.

—「연산역 바람개비」 전문